発達と障害を考える本

新版

ふしぎだね!? ⑤

ダウン症のおともだち

玉井邦夫=監修

ミネルヴァ書房

はじめに

あなたは、ダウン症ということばを知っていますか？ また、近くにダウン症のおともだちがいますか？

この本は、ダウン症について知らなかった人にはダウン症とは何かを知ってもらい、近くにダウン症のおともだちがいるという人には、少しでもその人を理解してほしいとの願いから作りました。

この本では、ダウン症のおともだちの行動をとおして、具体的にどんな障害なのかをしょうかいしています。

ダウン症のおともだちの感じ方や考え方が少しでもわかるようになって、そのおともだちのことをみぢかに考えることができたら、ダウン症のおともだちもわたしたちも、これまで以上にくらしやすくなるでしょう。

ここにあげたおともだちの例は、ほんの一部です。わたしたちにもいろいろな個性があるように、ダウン症のおともだちにも、人によってさまざまなちがいがあります。そのことをわすれないで、この本を読んでください。

※ダウン症は、正しくは「ダウン症候群」といいます。この本では、簡単に「ダウン症」としています。

もくじ

はじめに ……………………………………………………… ❷

この本の構成 ………………………………………………… ❹

おともだちしょうかい ……………………………………… ❻

第1章　どうしよう!?　こんなとき

①あつしくんと　おさむくんの場合　何言ってるかわからない ……… ❽

②しんごくんの場合　マラソンの練習をさぼる ……………… ⑭

③あきらくんの場合　食べるのおそいよ！ …………………… ⑳

④じゅんこさんの場合　たよるくせに、おせっかい ………… ㉖

⑤まおさんの場合　うで組みして動かない …………………… ㉜

ふりかえってみよう …………………………………………… ㊳

第2章　ダウン症って何？

ダウン症は生まれつきの障害 ………………………………… ㊵

ダウン症の人によくあるとくちょう ………………………… ㊹

小学校に入る前のダウン症の人は …………………………… ㊾

学校に行くようになると ……………………………………… ㊿

じょうずにつきあっていくために …………………………… 51

保護者のかたへ ………………………………………………… 54

参考資料など …………………………………………………… 55

この本の構成

第1章は…

6人のおともだちの学校での行動について、つぎの順序でしょうかいしています。

さいしょのページ ある日の一場面を絵でしょうかいしています。何がおこったのかみてみましょう。

こんなことがおこりました。

場面の説明です。

ふだん、みんながふしぎに思っていることです。

近くの人が感じたことです。

つぎのページ どうしてそうなったのかを、知るためのページです。

おともだちからみた、できごとの流れです。色の文字は、その人が心の中で思っていることです。

ダウン症にくわしい崎田先生からのひとことです。

おともだちの気持ちをことばにしてみました。

おともだちのことがわかってからの感想です。

さいごのページ おともだちのためにした工夫をしょうかいしています。

崎田先生と相談して担任の先生がおこなった工夫です。

その後のおともだちのようすです。

第2章は…

ダウン症がどういう障害なのかをくわしく説明しています。第1章のとちゅうでも、知りたいことがあったら読んでみましょう。

おともだちしょうかい

この本に出てくる6人のダウン症のおともだちです。
※ダウン症については第2章でくわしく説明しています。

6年生 あつしくんとおさむくん

特別支援学校（➡50ページを見てください）のなかよしふたり組。ものまねがじょうず。ふたりとも近視。早口でことばが聞き取りづらい。

2年生 しんごくん

通常の学級（➡50ページを見てください）に通っている。ことばはまだ出ない。水泳やダンスが大好き。

5年生 あきらくん

特別支援学級（➡50ページを見てください）に通っている。体がとても小さくてつかれやすいが、がんばりやさん。

4年生 じゅんこさん

通常の学級に通っている。行動がゆっくりしている。不器用で、すぐに人にたよってしまうが、おせっかいな一面も……。

3年生 まおさん

通常の学級に通っている。気持ちの切りかえがうまくできないため、しょっちゅう、うで組みしてだまりこんでしまう。

ダウン症についてくわしい
崎田先生

第1章
どうしよう!?
こんなとき

　6人のおともだちのある日のようすをみてみましょう。
　おともだちは、ほかの人が「なぜなの」「どうしたらいいの」と思うことをしています。それぞれについて、その理由を、おともだちの立場からみていきます。また、おともだちのために、先生がした工夫もしょうかいしています。ダウン症のおともだちを理解する手がかりにしてください。

どうしょう!? こんなとき ① 何言ってるかわからない

あつしくんとおさむくんの場合

今日は特別支援学校（➡50ページを見てください）で交流（➡50ページを見てください）会。はじめくんの班は、あつしくんとおさむくんといっしょにホットケーキ作り。ふたりは見た目がそっくりで、びっくり。あつしくんがいろいろと話すけど、何を言っているのかちっともわからない。

あつしくんたちの **ふしぎ** なところ

● どうしてそっくりなの？

● 早口だし、わらいながらしゃべるから、何言ってるのかわからないよ。ふざけているの？

● どうして顔を近づけてくるの？　近寄りすぎだよ。

顔もにているし背たけも同じくらいで、体型もにてるよ。

はじめくん

おさむくんが、すごく近くまで来るから、こわくなっちゃった。

りかさん

なんで こうなるの？
つぎのページへ ➡

❶ なんでこうなるの!?
あつしくんたちはどう思っているのかな？

ふたりは、なかがよくてひょうきんです。今日は、たくさんの人に出会えて、はしゃいでいます。ダウン症の人すべてにあるわけではありませんが、ふたりには、強度の近視という合併症があります。

ぼくたちはね…

にているけど、よく見るとちがうよ

ダウン症だと鼻のあたりの骨とかがあまり育たないんだって。でも、そのほかの骨は育つから、目がつり目みたいになるんだって。それで、にているように見えるけど、よく見ると、目もそんなににてないよ。

うまくしゃべれないんだ

ぼくたちは舌がよく動かせなくて、ことばがじょうずにしゃべれないんだ。みんなと会えてうれしくて、いろいろ話したくなっちゃう。それで、すごく早口になったり、どもったりしちゃうんだ。

ものが見えづらいんだ

ぼくたちは近視で、はなれたものが見えづらいんだ。でも、めがねはじゃまだからいやなんだ。見たいものがあると、どうしても顔を近づけちゃうんだ。

あせって早口になっちゃうことってあるよね。ぼくたちに会ったこと、そんなに喜んでくれてるなんて、うれしいな。

こうしてみました
つぎのページへ

① こうしてみました!!
わかりあえるように…

ダウン症について説明しました

ダウン症の人は顔だちがにていることが多いので、それがなぜか説明しました。にていることを気にする人もいるので、むやみにそのことを口にしないように話しました。

慣れるまで手助けしました

交流会のはじめのうちは、あつしくんとおさむくんの担任の先生がついていて、「通訳」をすることにしました。そして、聞き取れないときは聞き返していいことや、話しかけるときはいつもどおりに話していいことを教えました。

手助けする方法を探しました

ふたりが近視だということを説明し、ホットケーキの作り方のカードに、いちいち顔を近づけるのも、そうする必要があると理解してもらいました。手助けする方法を探して、だれかが代表してカードを読み上げるのをみんなで聞く方法や、ふたりにカードをよく見せるなどの工夫ができました。

ダウン症について知ろう
40ページへ

今日は、はじめてのマラソンの練習。2年生のしんごくんのクラスは、校庭3周だって。しんごくんは、準備体操のときから、ぐずぐずしてる。かおるさんをたたいちゃうし、とうとう、校庭のすみで土遊びを始めちゃった。

夏のプールでは楽しく参加できていたのになあ。体調がわるいのかなあ。

担任の吉田先生

いっしょに走ろうって手をひっぱったら、たたかれちゃったわ。

かおるさん

しんごくんの ふしぎ なところ

● どうしていっしょに走らないの？

● 先生の言うこと、わからないの？

● どうして人をたたいちゃったの？

なんで こうなるの？
つぎのページへ →

❷ なんでこうなるの⁉
しんごくんはどう思っているのかな？

ダウン症の人は、リズムに合わせて体を動かすことが好きな人が多く、しんごくんも、ダンスは喜んでします。しんごくんが、マラソンをしない理由はほかにあるようです。

 はね…

かけっこ、きらいなの

ぼく、かけっこ大きらい。どうせおそいし。プールで泳いだり、ダンスしたりするのは好き。どっちも小さいころからしてるからね。かけっこは、つかれるだけでつまらない。

先生の言うこと、わかるよ

先生の言うこと、だいたいわかるよ。さいしょはマラソンてなんのことかわからなかったけど、かけっこいっぱいするんでしょ。ずーっとぐるぐる走ってて、終わらないのなんていやだ。

ぼくのことひっぱるから、たたいたの

かおるちゃん、ぼくのことひっぱったんだよ。かおるちゃんて、やさしいけど、ぼくに無理やり何かさせようとすることが多いの。ぼく、つい、頭にきてたたいちゃうの。

そうか……。しんごくん、小さいから、ついついひっぱったりしてたかも……。ごめんね。

こうしてみました
つぎのページへ

❷ こうしてみました!!
楽しく参加できるように…

楽しんで走れるようにしました

しんごくんは、音楽が好きです。そこで、音楽を使うことにしました。みんなが好きな曲を流すと、楽しく走れました。走っているときも、声かけなどすると、はげみになるようです。

説明を工夫しました

しんごくんには、マラソンが終わりのないかけっことしか理解できていないようです。そこで、絵を使って、校庭を3周するとゴールだということなどを説明しました。そして、しんごくんは、まず1周走ればいいことにしました。

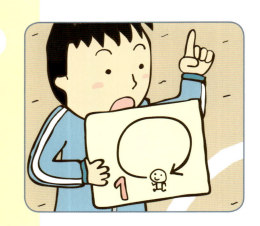

無理に動かそうとしないようにしました

手をひっぱったり、だっこしたりして、しんごくんを無理に動かすことはしないようにしました。声をかけてさそってみて、しんごくんが動かなければ先生以外の人はかまわないことにしました。
でも、人をたたくのはいけないことです。そのことはきちんと教えました。

どうしょう!? こんなとき ③ あきらくんの場合 — 食べるのおそいよ！

今日は遠足。特別支援学級（→50ページを見てください）のあきらくん、だいぶみんなよりおくれたけど、お弁当の時間にはどうやら間に合った。みんなの話をにこにこ聞いているあきらくん。「ほら、早く食べないと」と言われたとたん、下向いてだまりこんじゃった。

食べるのがゆっくりだから、給食の時間も全部食べられないことが多いんだ。

担任の森先生

食べるのもおそいけど、歩くのもおそいよね。

かつのりくん

あきらくんの ふしぎ なところ

● なんでそんなに食べるのおそいの？

● とちゅうですぐ休むよね。体が小さいせいなの？

● 食べるのおそいのに、どうして人の話ばかり聞いているの？

なんで こうなるの？
つぎのページへ

❸ なんでこうなるの⁉
あきらくんはどう思っているのかな？

あきらくんは、生まれつき体力がなく、筋力もよわいのです。そのため走ったりジャンプしたりするのはにがてです。右の耳が聞こえづらいため、人の話を聞くときは注意力もいります。

筋肉がやわらかすぎるの

ぼくは21番目の染色体がほかの人と少しちがうんだって（➡41ページを見てください）。それで筋肉がやわらかすぎるから、筋肉の力がよわいんだ。だから、歩いたり走ったりするのもゆっくりだし、食べ物をかんだり飲みこんだりする力もよわいの。

すぐに、つかれちゃう

ぼくは、生まれつき心臓がよわかったみたい。今は遠足にも行けるけど、みんなより体力がないんだ。だから、すぐつかれるよ。

話を聞くことに集中しないと聞き取れない

ぼく、右の耳が生まれつき聞こえづらいの。ざわざわしているところだったり、右側から話しかけられたりすると、集中しないと聞き取れないよ。だから、同時にほかのことをするのはむずかしいんだ。

そういえば、よく耳に手をあてて「えっ？」ってしぐさをするね。ただのくせだと思ってた。

こうして
みました
つぎのページへ

③ こうしてみました!!
にがてなところをおぎなうように…

筋力がよわいことを説明しました

あきらくんは生まれつき筋肉がやわらかすぎるため、筋力がよわいことを伝えました。そして、筋力がどんなときに必要なのかを説明しました。立ったり、歩いたりといった動きのほか、食べる、飲む、話すなどの口の動きにも筋力が必要なこと、また、片足で立ったり、不安定なところでしっかり立ったりするためにバランスをとるときにも、筋力が必要なことを話しました。

こまめに休めるようにしました

体が小さくてつかれやすいあきらくんですが、とてもがんばりやさんです。また、みんなといっしょにいることも大好きです。本人がやりたいと思うことには積極的に参加させました。こまめに休めるようにスケジュールを工夫し、また、休むときやおくれるときは必ずだれかがつきそうことにしました。

正面から話しかけるようにしました

あきらくんは右の耳が聞こえづらいとわかったので、話しかけるときは、必ず正面から話しかけるようにしました。また、ざわざわしていると聞き取りにくいので、全体説明のときは静かにするようみんなに伝えました。話を聞いているとき、あきらくんは、ほかの動きが止まってしまいますが、そのことをとりたてて言わないことにも気をつけました。

あきらくん、みんなといっしょにいるのが、本当に好きみたい。

ダウン症について知ろう
40ページへ

図工の時間。4年生は、あき箱で町づくりをしているよ。なかなか進まないじゅんこさん。見かねて、まさとくんが手伝ってあげたよ。じゅんこさん、自分の工作なのに、見てるだけ。おまけに、さきさんのせわを始めちゃった。

じゅんこさんの ふしぎなところ

● どうして、なんでもゆっくりなの？ もう少し早くできないの？

● なんで自分でしようとしないの？ 人にまかせっきりだよ。

● 人のことをする前に自分のことができてないよ。おせっかいしている場合じゃないよ。

←のり

さきさんはおっとりしているから、おせっかいをやくのかしら。
担任の尾形先生

手伝ってあげたとたん、ぼくにまかせっきりなんだよ。
まさとくん

なんでこうなるの？
つぎのページへ

④ なんでこうなるの⁉ じゅんこさんはどう思っているのかな？

ダウン症の人は人とかかわるのが好きです。それがすぎて、おせっかいになることもあります。また、じゅんこさんが人にまかせっきりにしてしまうのには、理由があるようです。どんな理由でしょう。

ゆっくりしかできないの

「早く！」ってよく言われるけど、わたしはゆっくりしかできないの。わざとのろのろしているわけじゃないの。

うまくできないことが多いから、たのんじゃう

うまくできないことが多いし、おそいでしょ。それに、学校では、みんながしてくれるから、ついついたのんじゃうの。自分でして失敗するよりもいいもん。

人のせわをするのが好きなの

わたし、こまっている人のせわとかするの大好き。いつも自分がしてもらうばかりだから、「ありがとう」って言われると、とってもうれしくなるの。

そっかー。たしかにできあがりがきれいなほうがいいかも。でも、自分ですることも、やっぱり大切だよね。

こうして みました
つぎのページへ →

④ こうしてみました!!
まずは、自分のことを自分でするように…

「早く」と言わないようにしました

じゅんこさんは、どうしてもゆっくりした動きになってしまいます。「早く」と言って急がせたりしないようにしました。また、ゆっくりでもできたときは、ほめるようにしました。

自分ですることを大切にしました

じゅんこさんは、失敗するのがいやで、すぐに人にたよってしまいます。ひとりでもくもくとがんばることはにがてです。手を出すかわりに、声かけなどではげましたりほめたりすることで、気持ちをもりあげました。そして、手伝うときも、いちばん大事なところはじゅんこさんがするような方法で手伝いました。

「手伝おうか」と聞くようにさせました

じゅんこさんの、人の役にたとうとする気持ちは、すばらしいことだとほめました。そのうえで、手を出す前にひとこと聞くようにさせました。また、クラスのみんなには、手助けがいらないときは、きっぱりとことわるようにと話しました。

ダウン症について知ろう　40ページへ

どうしよう!? こんなとき ⑤ まおさんの場合
うで組みして動かない

早くかたづけないと、次の時間になるよ。

今日の図工は、先週かいた自分の顔の色ぬり。まおさん、時間が終わったのに、まだかたづけない。「早くかたづけないと、次の時間になるよ」って注意されたとたん、うで組みしたまま下向いて動かなくなっちゃった。先生が来ても顔も上げない。みんな、こまってるよ。

かたづけもそうだけど、とりかかるのも、おそいんだよね。

担任の大山先生

ぬるのに夢中になってたみたい。でも、みんながかたづけているのに……。

ゆうこさん

まおさんのふしぎなところ

● とりかかるのがおそいよ。いつも、人のこと見てばかりで、おくれちゃうんだ。

● どうして時間になってもやめないの？

● なんで、うで組みしてだまっちゃうの？　言いたいことがあるなら言えばいいのに……。

なんでこうなるの？
つぎのページへ →

⑤ なんでこうなるの⁉
まおさんはどう思っているのかな？

ダウン症の人は、子どものころには、うまく気持ちを切りかえることができない人もいます。まおさんのように、うで組みをして動かなくなることも多くみられます。まおさんの気持ちはどうなのでしょうか。

おそいのは、わざとじゃないの

先生の話だけでは、何をどうしたらいいかわからないの。ただ「色をぬって」と言われても、どうしたらいいかまよっちゃうでしょ。まわりの人のすることを見て考えているの。

熱中すると、すぐには次のことにうつれない

わたしは何かに熱中すると、ずっとそのことだけしていたくなっちゃうの。もうやめないといけないって、わかっているのだけど、もう少し、もう少しって思っちゃうの。

口ではみんなにかなわない

みんなは、次々にことばが出てくるよね。わたしも心の中ではいろいろなことを考えてるの。だけど、その半分もことばでうまく説明できない。くやしくて、だまりこむしかないの。

たしかに、まおちゃんて、熱中してるときは自分の世界に入りこんじゃってる感じがするよね。

こうしてみました
つぎのページへ

⑤ こうしてみました!!
気持ちの整理がつけやすいように…

全体への指示のあとに声かけしました

まおさんは、「今日は、色をぬりましょう」と言われただけでは、何からどのように始めればいいかイメージしにくいようです。そこで、全体への指示のあと、個別に、「顔の色からぬる？ それともかみの毛をぬる？」などと、声かけをして相談にのるようにしました。

みんなより早めに知らせました

時間になって、急に「はい、やめて」と言われると、まおさんは気持ちの整理がつけにくいようです。みんなより少し前に、「そろそろ終わるよ」と声をかけて知らせるようにしました。

せかさないようにしました

うで組みして動かなくなるときは、必ず、まおさんなりの理由があるようです。しかし、次々に質問ぜめにすると、よけいに答えられなくなってしまいます。ようすをみながら、ゆっくりと理由を聞くようにしました。

まおちゃん、前ほどはうで組みしなくなったよ。

ダウン症について知ろう
40ページへ

ふりかえってみよう

ここまで読んで、ダウン症の人の気持ちが少しわかったかな。では、先生たちがした工夫のポイントをまとめておきましょう。

慣れるまで、橋わたしをする

説明を工夫する

無理に動かそうとしない

声かけして、もりあげる

早めに知らせる

せかさない

第2章
ダウン症って何？

　第1章で登場したあつしくんやじゅんこさんたちのダウン症について、説明します。ここでしょうかいするとくちょうは、ダウン症の人すべてにあてはまるものではありません。一人ひとりちがっています。
　基本的なダウン症のとくちょうを知ることで、ダウン症の人の気持ちや、何にこまっているかなどを、みぢかに考えられるようにしましょう。

ダウン症は生まれつきの障害

1000人に1人ぐらいにおこる

正しくは「ダウン症候群」

ダウン症は、正確には「ダウン症候群」といいます。「症候群」とは、はっきりとした原因は不明だけれども、いくつかの症状が共通してみられるものに使う名前です。ダウン症については、原因はすでにわかっていますが、「症候群」という名前がそのまま使われています。この本では、「ダウン症候群」のことを「ダウン症」としています。

染色体の異常による

ダウン症は、**染色体異常による生まれつきの障害**です。薬や手術でなおるとか、予防注射をすればならないとかいったものではありません。また、インフルエンザなどのような、近くにいる人にうつる感染症でもありません。

また、ダウン症は、知的障害をともなうことが大変多く、「ダウン症＝知的障害」というイメージをもつ人も多いのですが、ダウン症は**知的障害のことをいうのではありません**。染色体異常による生まれつきの障害というのが、ダウン症の正しいとらえ方です。

赤ちゃんの1000人に1人がダウン症

ダウン症はめずらしい障害ではありません。国や民族のちがい、あるいは家族や親戚にダウン症の人がいるかいないかにかかわらず、**だれにでもおこりうるもの**です。だいたい、1000人に1人の割合でダウン症の赤ちゃんが生まれる可能性があります。

そのほとんどは、とつぜんおこります。ダウン症の中には、遺伝（親や先祖の特色が子孫に伝わる現象）によるものもあります。でも、ほんの少しです。遺伝する要素があったとしても、必ずダウン症になるのではありません。ダウン症の赤ちゃんが生まれる確率が、ほかの人より高くなるだけです。

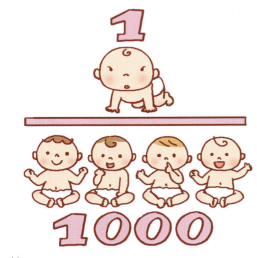

染色体の一部におこった変化が原因

細胞と染色体、そしてDNA

人間の体は、**細胞**がたくさん集まってできています。この細胞の一つひとつの中には、**染色体**

があって、染色体の中にはさらに、DNAという体の設計図のようなものが折りたたまれて入っています。このDNAは親から子へと次々伝えられます（遺伝）。そのため、子どもは親や先祖ににるのです。

人の染色体は23組

染色体が1つの細胞にどれだけあるのかは、生き物の種類によって決まっています。**染色体は2本で1組になっているのがふつうで、人の場合は23組**です。つまり、何もなければ、人の染色体は46本あります。

細胞分裂のときに…

では、DNAは親から子へと、どのように受けつがれていくのでしょうか。

人の誕生は、お母さんの**卵子**とお父さんの**精子**がむすびつくところから始まります。人のふつうの細胞は46本の染色体をもっているので、卵子も46本、精子も46本もっているとすると、子どもの染色体の数は、46本＋46本で、合計92本となってしまいます。けれども、人のふつうの細胞は、赤ちゃんでも大人でも染色体は46本です。これは、なぜでしょう？

じつは、**卵子と精子がつくられるときに、2本で1組ではなく1本ずつ、つまり23本になるような、特別なつくられ方をしている**のです（むずかしいことばでは、生殖細胞の減数分裂といいます）。

そして、**卵子の23本と精子の23本とで合計46本**になります。ただ、これは必ずしも、いつもうまくいくものではありません。

21番目の染色体に変化が

ダウン症の場合は、このとき、21番目の組の染色体に変化がおこっています。**21番目の染色体が2本ではなく3本になっている**のです。それがなぜおこるのかはよくわかっていませんが、今後、科学が進んで解明されるかもしれません。

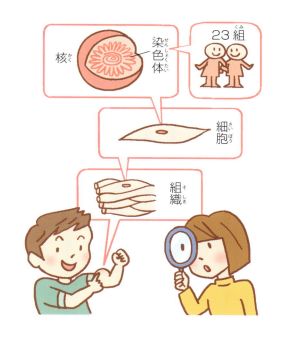

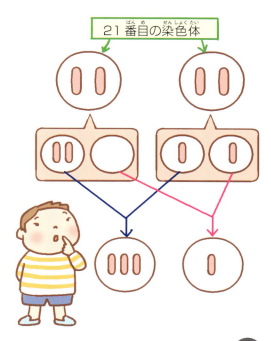

染色体異常でおこる症状はさまざま

しくみは複雑なので…

ダウン症にかぎらず、染色体異常によっておこる症状はさまざまです。**染色体は人の形質（遺伝上の特色のもととなる性質）についてすごくたくさんの情報をもっています。ですから、その一部に変化がおきただけで、いろいろな症状があらわれます。**

たとえば、関節や筋肉がやわらかすぎて、一定の姿勢をたもつのがむずかしいことがあります。また、あごの発育が十分でなく発音がうまくいかない、ということもあります。知的障害をともなうこともあります。その

■ 人の染色体はこんな形

●通常の男性の染色体

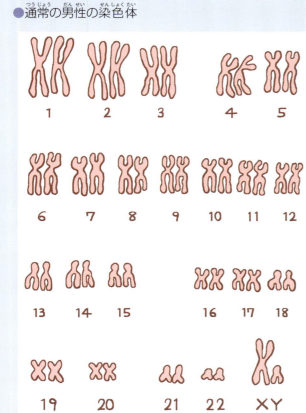

●ダウン症の男性の染色体

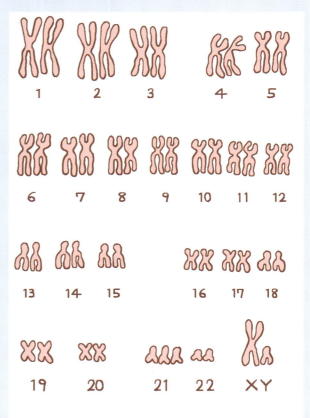

しくみは複雑なので、**人によってあらわれる症状もちがいますし、同じ症状でも、人によって重かったり軽かったりします。**

また、ダウン症の場合は、あわせて心臓病があったり、目や耳になんらかの問題が生じている人も多くいます。

ダウン症以外の染色体異常もある

染色体異常は、ダウン症以外にもあります。

5番目の組の染色体が1本欠けているネコ鳴き症候群は、赤ちゃんの泣き声が、ネコの鳴き声のようであることから、こうよばれます。

ほかにも、さまざまなものがありますが、どの染色体異常も、**同じ番号の組の染色体の変化であれば、その人たちには、共通したとくちょうがいくつかみられます。** そして、どの染色体異常も、多くは知的障害がともないます。

■ 知的障害って？

知的障害とは、知的な能力の全体におくれがみられ、そのために学校生活や社会生活を送るのになんらかのサポートが必要になることをいいます。具体的には、次のようなことが同じ年の人のようにはできません。

- ことばや文章で表現する
- ことばや文章を理解する
- お金の計算をしたり、時間をはかったりする
- 相手の行動をみて、自分を守るために備えたり工夫したりする　など

ダウン症の人によくあるとくちょう

 ## 外見からダウン症とわかりやすい

顔だちがにている

　ダウン症の人は、おたがいに顔だちがにています。**鼻が低めで、両目の間が広く、少しつり目がちという共通点**があるのです。

　これは、顔の中心部の骨などの発達がゆっくりであるのに対して、顔の周辺部は通常の速度で発達するからではないかといわれています。鼻とその周辺の骨格がまだ発達していないうちに周辺部の骨格は育っていき、皮膚がひっぱられてつり目がちになるというわけです。

　また、目と目の間の皮膚はふつうの速さで成長して、ゆっくり育つ骨格よりはば広です。これにより、皮膚が目頭をおおってしまって、寄り目に見えることもあります。

「ぽっちゃり」という印象のことが多い

　ダウン症の人は、背たけが低くぽっちゃりしていることが多いようです。背たけは全体的に低めですが、理由はわかりません。ぽっちゃりしているのは、**筋肉がやわらかいためにそう見えることもある**でしょう。また、あごの力が強くないために食事のときによくかめずに飲みこんでしまうことも原因として考えられます。よくかまずに飲みこんでしまうと、満腹だということに気づきにくく食べすぎてしまうことが多いのです。それで太るのかもしれません。

　また、**心臓病があるとか、つかれやすい体質であるとかで運動不足になり、太ること**もあります。

 ## 関節や筋肉がやわらかい

「ぐにゃぐにゃ」した印象

　ダウン症の人のとくちょうは、まず、**関節や筋肉がやわらかすぎるほどにやわらかい**ことです。

　体がやわらかいのはいいことのように思えますが、じつはそうでもありません。たとえば、いすにすわっているときに**姿勢よくしているためには、ある程度、関節や筋肉をきんちょうさせておくことが必要**です。きんちょ

うがよわすぎると、一定の姿勢をたもてません。

　ダウン症の赤ちゃんはたいていの場合、このきんちょうがよわく、ぐにゃぐにゃした印象を受けます。そこで、**赤ちゃんのうちに特別な体操などをして訓練する**ことで、成長にともない、このとくちょうはめだたなくなります。

首の構造がよわいことも

　注意しなくてはならないのは、ダウン症の人には、首の構造がよわい人もいるということです。

　首の骨は頸椎（脊椎のいちばん上の部分にある７個の骨）がつみかさなってできていますが、この頸椎の内側には、人の生命活動の中心となる神経のたば（脊髄）があります。この神経のたばが強くおされると死んでしまうこともありますし、体がまひしてしまうこともあります。

　３歳をすぎてから頸椎検査を受けますが、**首の構造がよわい人は、無理にでんぐり返しをしないなど、気をつけることがいろいろあります。**

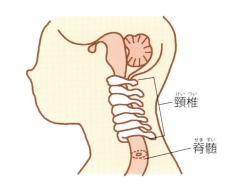

 ## ほかの病気もあることが多い

　ダウン症の人の中には、心臓や目、耳などになんらかの問題がある人も多くみられます。

心臓の場合

　たとえば、心臓の一部に穴があいていて、通常と反対の方向にも血液が流れてしまう場合があります。この反対方向への血液の流れは心臓に負担をかけます。

目の場合

　目については、ひとみのおくにある、レンズの役割をする水晶体が白くにごってしまう**白内障**や、目玉だけが上下や左右にこまかくゆれる**眼振**、顔の向きとはちがう方向を向いているように見える**斜視**などがあります。

耳の場合

　耳については、**中耳炎**や**難聴**、耳のひだが一部つぶれているような**奇形**などがあります。

　子どものころには、**目やに**や**鼻水**が出やすいことも多いようです。ほかにもさまざまなものがあります。ただし、これらは、ダウン症だから必ずいっしょにおこるというものではありません。

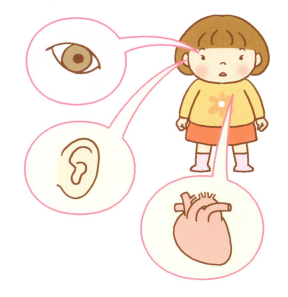

動作がゆっくりしている

関節や筋肉、心臓の問題などから

ダウン症の人の動作を見ていると、すごくゆっくりした印象を受けます。人によってはのろのろしているように思えるかもしれません。でも、**ゆっくりはしていても、できないわけではありません**。ダウン症の人の成長は、**行動面だけでなく、ことばなどいろいろな面でも、通常の人よりもゆっくりとしています**。

動きについては、先ほどふれたように、関節や筋肉がやわらかすぎるため、ゆっくりとしんちょうになります。心臓病や、目・耳の問題があることも、すばやく行動しにくい理由になります。

手先が不器用なことも

人によって程度はさまざまですが、手先が不器用な人も多くみられます。**指が短くて動かしづらく不器用になる、力の加減がうまくできないために不器用**、ということもあります。

体温調節がうまくいかない

ダウン症の人は**しもやけ**や**あかぎれ**ができやすく、くちびるが割れて血が出てしまうようなこともよくあります。手足が冷たくなりやすく、それでいて、冬でも汗をかいていることもあります。

これは、**体温を調節する自律神経というものがうまくはたらかない**ことが原因です。その結果、自分の手足が冷たいことに気づきにくく、また、手足を少し温めただけで体全体がほてったほうに感じて、暑がってしまうようなこともあります。

ことばが聞き取りにくい

口やあごに原因？

ダウン症の人には、聞き取りにくい話し方になってしまう人もいます。理由はいくつか考えられます。ひとつは口の中の構造の問題です。たとえば、**舌が短い、あるいは長すぎる**などです。また、**あごの発達がゆっくり**である場合、舌が口の中でなめらかに動かせず、舌たらずな話し方になってしまいます。

耳のはたらきが関係している？

耳が聞こえづらいことも考えられます。**音が聞き取れないので正確な発音がわからず**、相手が聞き取りにくい話し方になるというわけです。

気がせいて早口になるせい？

　それから、早口のせいで聞き取りにくい、どもるということもあります。**ことばが頭の中にあふれて気がせいてしまっている状態**です。ゆっくり話すことを練習していくうちに、相手が聞き取りやすい話し方を身につける人もいます。

ものごとをおぼえるのに時間がかかる

ことば自体をおぼえるのに…

　ダウン症の人は、話し方ではなく、ことばを話すこと自体がうまくいかないこともあります。この場合は、**ことば自体をおぼえるのにたくさん時間がかかる、ことば自体をおぼえるのがむずかしい**、などの理由が考えられます。

数の理解がむずかしい…

　ものを数に置きかえたり、たし算やひき算、時計の読み方、お金の計算など数の理解がむずかしいことでおぼえられないことも多くあります。ただし、いつまでもむずかしい人もいれば、ゆっくりではあっても、だんだん理解が進み、むずかしくなくなっていく人もいます。

明るくて人とのふれあいが好き

表情ゆたかで人なつっこい

　多くのダウン症の人は、明るくて人なつっこいといわれます。また、表情ゆたかなおしゃべり好きが多く、はにかんだりすることはあっても、**人とのふれあいが好きな人が大多数**です。ひょうきんで、茶目っ気のある人も、よくみられます。

　何かの代表をつとめたり、マイクを持って司会者のようにふるまったりして、**人前で注目をあびることが好きな人**もいます。

音楽が好き、まねておどるのが好き

　音楽が好き、ということも、ダウン症の人によくみられるとくちょうのひとつです。リズムに合わせて体を動かす機会があると、楽しそうにおどる姿がよくみられます。人のしていることを見よう見まねでまねるのが得意、という人もいます。

　音楽が好きで、人の動きを見てまねるのが得意、といった一面を生かして、ダウン症の人が集まって活動している、有名なダンスグループもあります。

がんこな一面もある

すわりこんでしまう

　がんこという一面をみせることもあります。

　よく目にするのが、すわりこんでしまって、まわりがどんなに動かそうとしても、**てこでも動かない**光景です。小がらな体のどこにそんな力があるのかと思われますが、筋肉がやわらかいために、上から人が持ち上げようとしても、なかなか持ち上がりません。

一度決めると変えない

　先にも述べたように、ダウン症の人は、ゆっくりとていねいにものごとを学んでいきます。そして、一度身につけたことは、手順や方法などをしっかり守ります。そのため、**自分のおぼえたやり方にとちゅうで手を出されたり、人が自分とちがうやり方でしていたりすると、相手をおしのけてでも、やり直してしまう**こともあります。

　こうした行動も、ダウン症の人ががんこだと思われる原因のひとつになっているでしょう。

 ## 気持ちの切りかえがむずかしい

　気持ちの切りかえがむずかしいという面もあります。**時間でくぎって、自分のしていることをとちゅうでやめるというのが、納得できにくい**ようなのです。

　また、少しいやなことがあると、次にしなくてはいけないことがあっても、がまんしたり気分を変えたりして次の行動にうつるということが、なかなかできません。

　自分の中で整理がついていないときに、他人が無理に動かそうとすると、やはりすわりこんだりうで組みしたりして、その場で動かなくなってしまいます。

 ## いやなことを言えずにがまんしてしまう

　その一方で、**まわりのふんいきなどにびんかん**なことも多いのがダウン症の人です。他人に対する思いやりが深いことも共通してみられます。サービス精神もおうせいです。

　そこで、いやなことも「いや」と言えず、がまんし続けて、ストレスをためてしまうこともあるようです。

小学校に入る前のダウン症の人は…

ゆっくり育つ

ダウン症の赤ちゃんは、筋力がよわいために、お母さんのおっぱいをうまく吸えないことも多く、栄養をとりづらいことがあります。筋肉がやわらかすぎるため、**ねがえりやはいはい、つかまり立ちなどは、ほかの赤ちゃんよりおくれます**。また、はいはいができないうちに、つかまり立ちができるようになるなど、**発達のしかたがほかの赤ちゃんと同じ順序ではないことも**あります。それでも、たいていの場合、数か月から1年ほどおくれて、一人歩きなどができるようになります。

スプーンを使って食事ができるようになるのは、1歳6か月くらい、一人でトイレに行けるようになるのは4歳から6歳にかけて、洋服を着たりぬいだりができるようになるのは2歳から4歳にかけて、ボタンかけは4歳から6歳にかけて、と、だいたい平均より数か月か1、2年くらいおくれてできるようになります。

特別な訓練をする

ダウン症は外見からわかりやすいので、**生まれてすぐにダウン症と診断されます**。心臓病などがある場合は、生まれてすぐに大きな手術をすることもあります。

ダウン症についての研究は進んでいて、ダウン症の赤ちゃんを育てるときに役だつ情報なども多く公開されています。そのうちのひとつに、「**赤ちゃん体操**」という体操があります。ダウン症の人が**生まれつき関節や筋肉がやわらかすぎる点をおぎなうための特別な体操**です。赤ちゃんのころに、専門機関に通うなどして、そうした訓練をします。

また、小学校に入る前から、地域の**児童発達支援センター**などに通って、日常生活や社会生活に必要な基本的なことを教えてもらい身につけていきます。

保育園や幼稚園は、たいてい通常の保育園・幼稚園に通います。そのかたわら、児童発達支援センターなどに通い続ける場合もあります。

学校に行くようになると…

ダウン症の人が通う学校はおもに3種類

　ダウン症の人は、学校に行く年齢になると、その人の状態に応じて入る学校を選びます。それには、地域の教育委員会が保護者の相談にのり、いっしょに考えていきます。

　ダウン症の人が通う学校には、おもに次の3つの種類があります。

地域の小学校の通常の学級

　30人程度が1クラス。集団での授業を理解できる人がおもに通っています。

地域の小学校の特別支援学級

　基本的に8人以内で1クラス。時間割や教材も通常の学級とはことなります。障害の種類によって入れるクラスが決まっており、地域のすべての小学校にあるとはかぎりません。したがって、**自宅から遠くはなれた学校に通うこと**もあります。特別支援学級は、中学校にも設けられています。

特別支援学校

　以前は「養護学校」とよばれていた学校です。**重い障害のある人**が通います。障害の種類によって分かれています。ダウン症の場合は、知的障害の特別支援学校に通うことが多いのですが、目や耳の障害が重い場合には、それぞれ視覚障害、聴覚障害の特別支援学校に通うこともあります。

交流や共同学習の機会がある

　特別支援学校や特別支援学級に入った場合、家から遠くて通学が大変なだけでなく、自分の家の近くの人とのふれあいができにくかったり、クラスメートが数人のため、いっしょに遊ぶ人が少なかったりします。

　そこで、特別支援学校と通常の小学校との間で、おたがいの学校を訪問したり、いっしょに行事や活動（たとえばクラブ活動やボランティア活動など）をしたりする機会がつくられます。また、特別支援学級に通っている人が、ある教科や給食、朝の会などの時間を通常の学級でいっしょにすごすことや、通常の学級の人が特別支援学級に行って、いっしょに勉強や活動をすることもあります。これらを、**交流**あるいは**共同学習**といいます。

じょうずにつきあっていくために

本人の体力、体調に気をくばる

通常よりは体力がない

基本的に、同じ年の人よりは体力がありません。もちろん、運動をしてはいけないということではありませんし、ほどよい運動は健康のために必要です。でも、**どれくらいつかれているのか、どの段階で休んだらいいのかについては、本人の判断を尊重**しましょう。

まわりの人にはつかれていないようにみえたとしても、そこで休まずに無理をしたら、たおれてしまうこともあります。つかれきってしまう前に休むことも大事なのです。

無理にやらせようとせず…

また、ダウン症の人は体がやわらかいというとくちょうがありましたが、そのやわらかさは人それぞれです。関節や筋肉がしっかりとして、元気いっぱいに走ったりジャンプしたりすることがまったく平気で、サッカーなどをする人もいれば、階段がこわかったり、ジャンプがうまくできなかったりする人もいます。頸椎のよわい人は、トランポリンなどではげしくジャンプしたり、でんぐり返しをしたりすると危険です。

その人の体力や体調に合わせるようにして、無理やり何かをさせようとしないよう気をつけましょう。

年齢に合ったつきあいをする

ダウン症の人の多くは、同じ年の人にくらべると小がらです。中学年や高学年になっても、低学年の子と同じぐらいの背たけの人もいるでしょう。かわいらしくて、ついつい年下の子に接するようにしてしまうことがあるかもしれません。人なつっこく、にこにこされると、自分がお兄さんやお姉さんになったような気持ちがす

ることもあるでしょう。

けれども、たとえばその人が9歳なら、やはり9歳の人として接するほうがいいのです。

気持ちをもりあげる

ダウン症の人の中には、自分があまり得意でないことを学ぶときなどは、一人でもくもくととりくむことがにがてな人もいます。人とかかわることは好きですから、**がんばっているときに声をかけたり、うまくいったことをすぐにほめたりする**ことで、気持ちをもりあげるようにすると、よいはげましになるでしょう。

見ることに強いところを生かす

ダウン症の人の中には、人のまねをするのが得意な人がいます。ものまねでなくても、まわりのようすを見て、自分も同じようにしようとすることも多くみられます。

この、見ることに強いところを生かして、**ことばだけで説明するより、実際にしてみせたり、絵や写真などを使って説明したりすると、わかってもらいやすい**こともあります。

なぜかを考えてみる

ダウン症の人がすわりこんで動かなくなってしまうことは、よくある光景です。しかし、これを単にがんこだと決めつけてしまうのは、適切とはいえません。なぜすわりこんでしまったのか、考えてみることも必要だからです。

ことばでうまく言い表せないときに、**すわりこむことによって自分の思いを伝えようとしているのかもしれません**。いつもはにこにこしている人が、いやなことがあって元気をなくしているとも考えられます。もちろん、単につかれてしまっていることも考えられます。

気持ちを切りかえるきっかけをつくる

ダウン症の人には、決められた時間内に何かをするということがにがてな人も多くいます。それでも、たいていは、時間がきたら次のことをしなければいけないということもわかっています。

ただ、すんなりと気持ちの切りかえができないのです。
　無理にやめさせようとしないで、**楽しいことでさそったり、「10数えたら次の行動にうつろう」などと言ったりして、気持ちを切りかえるきっかけをつくってあげましょう。**

■ 大人になったダウン症の人

[大好きな魚をあつかう仕事に]

　Mさんは18歳の男性です。養護学校（今の特別支援学校）でさんまの食べ方がいちばんきれいだったことで、「さんま賞」をもらったことがあるほど魚好きです。学校の先生は、Mさんのために、あるスーパーマーケットの鮮魚コーナーの仕事を見つけてきてくれました。そのスーパーは、障害のある人を採用したことがありませんでしたが、実習をさせてくれることになりました。

　発泡スチロールのあき箱をひもでくくる作業や、魚のパックづめの実習です。発泡スチロールのくくり方は独特ですし、パックづめも大きさが一定でないものをどれも同じくらいになるようにつめていかなくてはなりません。お母さんは、うまくいくか心配でした。けれども、Mさんはどちらもうまくでき、4月からそこで働くことになりました。

[無理なく調整し、手助けのしくみも使いながら]

　鮮魚コーナーの仕事は重労働です。Mさんは一日7時間働いていましたが、しばらくすると、つかれきってしまい、朝おきるのがとてもつらくなってしまいました。そこで、職場の人と相談して6時間働くことにしました。なるべく長く勤めることが目標です。それには、無理なく続けられるように、労働時間などの調整をこまめにすることが必要です。

　Mさんは、ワークサポートというしくみも利用しています。それは、障害のある人が働くときの手助けをしたり、障害者をやとっている企業の相談にのったりするものです。ワークサポートの担当者は、パックづめの作業に、写真ファイルを用意することを提案してくれました。魚のパックはたくさん種類があり、つめ方もさまざまです。Mさんがそれをすべておぼえるのはむずかしいので、写真ファイルを見て作業することを職場の人に提案したのです。

[いっしょに働くことで工夫もできる]

　あるとき、昼休みの時間が終わっても、Mさんがなかなかもどってきませんでした。れんらくを受けたお母さんが聞くと、その日はいつもより昼休みが15分おくれたということでした。職場の人は「今日は15分ずれたからね」とMさんに伝えましたが、それだけでは、いつ仕事にもどればいいのか、Mさんは理解できなかったのです。それからは、何時何分に仕事にもどるようにと伝えることにしています。

　受け入れ先の企業も、障害のある人について「どうして」「なぜ」と思うことがたくさんあります。それでも、いっしょにすごすうちに理解が深まり、工夫ができます。そのつみかさねで、障害のある人もよりよく働くことができるのです。

　Mさんはお金の計算がにがてなので、こんな工夫をしています。毎日1000円札を持って家を出ます。帰宅すると、その日のおつりを貯金箱に入れます。貯金箱がいっぱいになると、そのお金を銀行口座に入れるのです。今の楽しみは、来月のお母さんの誕生日に花をプレゼントすることだそうです。

保護者のかたへ

　本シリーズ「発達と障害を考える本」は、障害についての理解を深め、心のバリアフリーを少しでも進めたいとの願いからつくりました。本書はシリーズの第5巻、2007年に初版を刊行した『ふしぎだね!?　ダウン症のおともだち』の新版です。制度改正や新たな知見をふまえ、障害についての説明や用語の見直しをして改訂しています。

　最近の障害児教育の流れは、障害のある子どもを「障害児」としてではなく、「支援を必要としている子」としてとらえていこうとする考え方が基本となっています。しかし、わたしたち一人ひとりの心のバリアフリーは、そう簡単には進まないようです。偏見や差別は、その多くが無知からくるものであり、知って理解するのには、それなりの時間と労力が求められます。

　障害について適切に説明することはなかなかむずかしいものです。子どもに対して説明するのにふさわしい、時期や環境についての配慮も必要です。中途半端な知識や説明が、いじめの原因となってしまうこともおそれなければなりません。専門家でない人間が「あなたは〇〇という障害にちがいない」などと口にすることもあってはならないことです。

　本書では、ダウン症の子どもたちのことを理解し、対応の仕方を考えてもらうきっかけになるように、なるべくわかりやすい事例をとりあげて構成しています。実際のダウン症の子どもがいつも事例のように行動するわけではないので、そのような誤解をしないように注意してください。このシリーズを子どもたちといっしょに読んで、こういった注意点について補っていただけると幸いです。

　本シリーズを通して、障害のある人を特別視するのではなく、障害の特性を理解したうえで、ひとりの人間として、ともに生きる仲間として、自然に接することのできる子どもたちがふえるようにと願ってやみません。

参考資料など

- 『増補版　障害臨床学』中村義行・大石史博 編（ナカニシヤ出版）
- 『知的障害―定義、分類および支援体系』第 10 版 AAMR 米国精神遅滞協会　栗田広・渡辺勧持 共訳（日本知的障害福祉連盟）
- 『ダウン症ハンドブック』池田由紀江 監修　菅野敦・玉井邦夫・橋本創一 編（日本文化科学社）
- 『がんばれ剛君、笑って由子ちゃん。』鹿島和夫 写真・文　灰谷健次郎 解説（ＰＨＰ研究所）
- 『Q&A ダウン症児の療育相談―専門医からのアドバイス』飯沼和三 著（大月書店）
- 『新版ダウン症児の育ち方・育て方』安藤忠 編（学習研究社）
- 『ダウン症児の発達医学』一色玄・安藤忠 編（医歯薬出版）
- 『ダウン症候群と療育の発展―理解の向上のために』V. ドミートリエフ／P. L. オールウィン 編　竹井和子 訳（協同医書出版社）
- 『ダウン症者の豊かな生活―成人期の理解と支援のために』菅野敦・池田由紀江 編著（福村出版）
- 『わたしたちのトビアス』セシリア・スベドベリ 編　山内清子 訳（偕成社）
- 『わたしたちのトビアス大きくなる』ボー・スベドベリ 編　ビヤネール多美子 訳（偕成社）
- 『わたしたちのトビアス学校へいく』ボー・スベドベリ 文・写真　ラグンヒルド・ロベレ、トビアスの兄姉たち 絵　オスターグレン晴子 訳（偕成社）
- 『となりのしげちゃん』星川ひろ子 著（小学館）
- 『ことば育ちは心育て―ダウン症児のことばを拓く』岩元昭雄・甦子・綾 著（かもがわ出版）
- 『ダウン症の理解と小児期の健康管理』加部一彦 著（日本ダウン症協会）
- 『この子とともに強く明るく―ダウン症があるお子さんをもたれたご両親のために』日本ダウン症協会 編（日本ダウン症協会）
- 『成人期の健康管理』沼部博直 著（日本ダウン症協会）

デザイン	小林峰子・小西栄
ＤＴＰ	アトリエ RIK
企画編集	SIXEEDS

監修者紹介

玉井邦夫（たまい　くにお）

千葉県生まれ。東北大学大学院を修了後、情緒障害児短期治療施設にセラピストとして勤務。山梨大学教育学部特殊教育学科准教授等を経て、2009年より大正大学心理社会学部臨床心理学科教授。専門は障害児心理学、被虐待児と家族の支援、学校臨床、発達査定。自身、ダウン症の長男をもつ。公益財団法人日本ダウン症協会代表理事。

主な編著書に『瞬間（とき）をかさねて──「障害児」のいる暮らし』ひとなる書房、『〈子どもの虐待〉を考える』講談社現代新書、『ダウン症ハンドブック』（共著）日本文化科学社などがある。

カバーイラスト	開地　徹
イ ラ ス ト	森のくじら　　エダ　りつこ

発達と障害を考える本⑤
ふしぎだね!?
新版　ダウン症のおともだち

2019年9月20日　初版第1刷発行　　検印廃止

定価はカバーに表示しています

監修者　玉　井　邦　夫
発行者　杉　田　啓　三
印刷者　森　元　勝　夫

発行所　株式会社　ミネルヴァ書房

607-8494 京都市山科区日ノ岡堤谷町1
電話 075-581-5191／振替 01020-0-8076

©SIXEEDS, 2019　　モリモト印刷

ISBN978-4-623-08653-5
Printed in Japan